PAIDEIA
ÉDUCATION

MIXTE
Papier issu de sources responsables
Paper from responsible sources
FSC® C105338

GEORGES PEREC

La Vie mode d'emploi

Analyse littéraire

© Paideia éducation.

22 rue Gabrielle Josserand - 93500 Pantin.

ISBN 978-2-75930-454-7

Dépôt légal : Septembre 2023

Impression Books on Demand GmbH

In de Tarpen 42

22848 Norderstedt, Allemagne

SOMMAIRE

- Biographie de Georges Perec.................................... 9

- Présentation de *La Vie mode d'emploi*...................... 13

- Résumé du roman.. 17

- Les raisons du succès... 45

- Les thèmes principaux.. 51

- Étude du mouvement littéraire................................. 57

- Dans la même collection... 63

BIOGRAPHIE DE GEORGES PEREC

Georges Perec naît le 7 mars 1936 de parents juifs polonais, qui meurent pendant la Seconde Guerre mondiale : son père en 1940 au front, sa mère deux ans plus tard à Auschwitz. En 1945, il est adopté par sa tante maternelle à Paris, dont la fille n'est autre que l'écrivaine Bianca Lamblin. Traumatisé par les événements qui parcourent son enfance, Georges Perec suit une psychothérapie avec la non moins célèbre pédiatre et psychanalyste Françoise Dolto.

Il fait ses études à Paris, d'abord des études d'histoire qu'il abandonne, puis de lettres et de sociologie. Il occupe de 1961 à 1978 le poste de documentaliste en neurophysiologie au CNRS.

Dès sa première publication, Georges Perec reçoit les honneurs de la critique et du public : il reçoit en 1965 le prix Renaudot pour son roman *Les Choses, une histoire des années soixante*. Il est alors remarqué pour son intérêt et son travail autour des techniques littéraires. *La Disparition*, son deuxième livre, est exempté de la voyelle « e », alors que dans *Les Revenentes*, publié en 1972, la lettre « e » est l'unique voyelle.

Naturellement, Georges Perec rejoint Raymond Queneau, Italo Calvino et Marcel Duchamp au sein du groupe l'OuLiPo en 1967. Il devient alors l'une des plus grandes têtes pensantes de cette association et multiplie les défis littéraires avec succès.

W ou le souvenir d'enfance (1975) est reconnu comme l'un de ses plus grands chefs-d'œuvre. À la fois autobiographique et fictif, *W ou le souvenir d'enfance* retrace l'enfance orpheline de l'auteur et l'histoire imaginaire d'un homme, Gaspard Winckler (personne que l'on retrouve dans *La Vie mode d'emploi*) qui doit faire face à son passé.

En 1978, George Perec abandonne son travail de documentaliste pour se consacrer exclusivement à l'écriture. En effet, le succès qu'il obtient avec *La Vie mode d'emploi* la même année lui procure une nouvelle reconnaissance à travers le prix Médicis et une autonomie financière. *La Vie mode d'emploi* naît d'un projet unique, celui de représenter la tranche d'un immeuble, ou sa nomenclature, et les vies qu'il accompagne.

Georges Perec succombe d'un cancer en 1982 et son urne est déposée au columbarium du Père-Lachaise.

Son œuvre posthume est aussi riche que celle qu'il publie de son vivant : le lecteur y découvre, notamment, *What a man !*, *Tentative d'épuisement d'un lieu parisien* et *Vœux*.

PRÉSENTATION DE
LA VIE MODE D'EMPLOI

Paru en 1978 aux éditions Hachette, *La Vie mode d'emploi* couronne et consacre le travail de Georges Perec, celui d'une vie d'abord puisqu'il meurt quatre années plus tard et ensuite parce que *La Vie mode d'emploi* est un projet qu'il conçoit à l'âge de vingt ans et qu'il réalise à l'âge de soixante-deux ans. Le prix Médicis qui lui est décerné lui offre, dès lors, une notoriété méritée, propre à son talent.

« *La Vie mode d'emploi* est un livre extraordinaire, d'une importance capitale non seulement dans la création de l'auteur, mais dans notre littérature, par son ampleur, son organisation, la richesse de ses informations, la cocasserie de ses inventions, par l'ironie qui le travaille de bout en bout sans en chasser la tendresse, par sa forme d'art enfin : un réalisme baroque qui confine au burlesque. Une façon de peindre notre vie, par ce qu'elle produit ou consomme. » (*Le Monde* du 29 septembre 1978, Jacqueline Piatier).

La Vie mode d'emploi recouvre un projet titanesque de 99 chapitres traversés par 108 histoires : « J'imagine un immeuble parisien dont la façade a été enlevée – une sorte d'équivalent du toit soulevé dans *Le Diable boiteux* ou de la scène de jeu de go représentée dans le *Gengi monogatori emaki* – de telle sorte que, du rez-de-chaussée aux mansardes, toutes les pièces qui se trouvent en façade soient instantanément et simultanément visibles. »

À la manière des *Choses* qu'il publie en 1965 ou de *W ou le souvenir d'enfance* en 1975, Georges Perec reprend les thèmes qui lui sont chers : le quotidien, l'autobiographique, le goût des histoires, la quête identitaire et l'angoisse de la mort qu'il appréhende, ici, avec une distance et une froideur mathématique.

RÉSUMÉ DU ROMAN

Préambule

Georges Perec propose une clef de lecture de son œuvre. Il compare La Vie mode d'emploi à un puzzle dont il est nécessaire de relier les pièces pour découvrir un ensemble. L'art de l'auteur est alors de savoir découper le puzzle et celui du lecteur de relier les pièces.

Première Partie

Chapitre I : Dans l'escalier, 1

Une femme monte dans l'escalier, elle est agent immobilier et s'occupe de la vente de l'appartement de Gaspard Winckler, mort il y a deux ans. Sa mort, cependant, n'est pas un obstacle à sa vengeance qui n'a pas fini de s'assouvir.

Chapitre II : Beaumont, 1

Fernant de Beaumont est un archéologue qui entreprit pendant toute sa vie de démontrer l'existence de la légendaire cité arabe Lebtit, située en Espagne. Il y a organisa des fouilles. Il meurt le 12 novembre 1925 d'un suicide.

Chapitre III : Troisième droite, 1

Quatre hommes sont accroupis au centre d'un salon. L'homme face aux trois autres est Japonais et se nomme Ashikage Yoshimitsu. Ils appartiennent à la secte « Les trois hommes libres » qui croît de génération en génération. Les trois hommes, riches, un Suédois, un Allemand, un Français, méditent sur des objets. L'appartement appartient à Monsieur Foureau. Personne ne l'a jamais vu dans l'immeuble.

Chapitre IV : Marquiseaux, 1

L'appartement est recouvert de tableaux. Lady Forthright y logea et y exposa sa collection de montres dont la pièce phare était une montre insérée dans un fragile œuf d'albâtre. Elle avait confié sa collection à un cocher, qui l'aimait en retour. Une nuit, alors qu'il entendait un bruit et crut au couinement d'une souris, le cocher frappa la montre avec un marteau. Il fut renvoyé. Lady Forthright mourut deux ans plus tard, suivie du cocher qui se pendit dans la chambre de sa bien-aimée.

Chapitre V : Foulerot, 1

Valène se remémore les paquets, toujours identiques, qu'il recevait chaque quinzaine de la part de Bartlebooth. Une jeune fille d'à peine dix-huit ans se dirige vers la salle de bain.

Chapitre VI : Chambre de bonne, 1

Cette chambre est dépendante de l'appartement de la veuve Madame de Beaumont. Véra de Beaumont est mélomane. Elle s'est enfuie de chez elle à dix-huit ans à Vienne, puis à Paris où elle rencontra son mari lors d'une réception. Ils eurent une fille qui déserta la maison, mourut assassinée et laissa derrière elle deux enfants.

Chapitre VII : Chambre de bonne, 2 Morellet

Quand Bartlebooth revient de voyage en 1954, il cherche un procédé pour reconstituer ses puzzles (aquarelles de paysages marins peintes par lui) de manière à faire disparaître les traces de découpes. Il engage Morellet, préparateur de chimie à l'École Polytechnique. Kusser découvre la colle et Morellet effectue les finitions sur chaque puzzle. Un soir qu'il travaillait en 1960, Morellet perd trois doigts de sa main gauche à cause d'une mauvaise manipulation chimique. Morellet multiplie les accidents et est interné.

Chapitre VIII : Winckler, 1

Gaspard Winckler est un grand amateur de Jules Verne. En 1955, Winckler achève le dernier puzzle du milliardaire Bartlebooth. Il se reconvertit et confectionne des objets en bois, puis des bagues, puis des miroirs de sorcières. Il arrête toute activité et meurt quatre ans plus tard.

Chapitre IX : Chambre de bonne, 3

C'est la chambre des deux domestiques du peintre Hutting. Ethel Rogers est sa cuisinière et sa lingère. Joseph Nieto est chauffeur et homme de peine.

Chapitre X : Chambre de bonne, 4

Jane Sutton, jeune anglaise de seize ans, lit une lettre pour la énième fois près de la fenêtre. Quatre photographies la représentent dans sa chambre à trois âges différents. L'avant-dernière désigne la scène finale du Comte de Gleichen de Yorick. L'histoire raconte l'amour d'une Sarrasine pour un comte, son mariage avec lui, la polygamie et la rivalité entre les épouses.

Chapitre XI : L'atelier de Hutting, 1

Hutting a fait aménager huit chambres de bonne en un appartement à la décoration éclectique. Une femme descend dans le petit salon, c'est l'assistante de Hutting. Un couple de clients est assis sur des poufs. Ils sont là pour négocier l'achat de son œuvre Brouillards, inspirée de Turner.

Chapitre XII : Réol, 1

Ce petit appartement a été habité par Madame Hourcade. Les habitants qui lui succédèrent se nomment Réol (un jeune couple avec un enfant de trois ans). La jeune femme est debout et tente d'attraper un plat sur une étagère. L'homme la regarde, une montre à gousset à la main. L'enfant, de huit ans à ce jour, est à quatre pattes, au sol. Il joue.

Chapitre XIII : Rorschash, 1

Rémi Rorschash commença étant jeune une carrière artistique sans succès et se convertit en imprésario jusqu'au jour où le trapéziste avec lequel il travaillait refusa de descendre et s'écrasa au sol. Alors, il investit dans l'import-export et fit faillite. Il écrivit un roman, L'or d'Afrique, un échec. Il fit la guerre et revint riche et prospère, marié à soixante ans. Aujourd'hui, c'est un vieillard malade et misanthrope.

Chapitre XIV : Dinteville, 1

Le Docteur Dinteville est à sa table et rédige une ordonnance. La patiente est une vieille femme. Un homme d'âge mûr est assis sur le divan. Les Dinteville furent anoblis par Louis XIII en récompense de l'aide qu'ils apportèrent lors de l'assassinat de Concini.

Chapitre XV : Chambres de bonne, 5 Smautf

Mortimer Smautf est le vieux maître d'hôtel de Bartlebooth. Il est son compagnon de voyage (1935-1944) et son homme à tout faire. Bartlebooth allait de port en port, y restait deux semaines, peignait le paysage et Smautf emballait les marines et les envoyait à Gaspard Winckler. Maintenant, à quatre-vingt ans, Smautf aide Bartlebooth au quotidien.

Chapitre XVI : Chambre de bonne, 6 Mademoiselle Crespi

Mademoiselle Crespi est dans son lit, elle rêve. Un croque-mort se tient en face d'elle. Derrière lui, au-delà de la porte, s'étend un paysage alpestre.

Chapitre XVII : Dans l'escalier, 2

L'escalier était pour lui à chaque étage un nouveau souvenir, une nouvelle émotion. C'était le plus vieil habitant de l'immeuble. Il habite au troisième étage.

Chapitre XVIII : Rorschash, 2

Rorschash fit sa carrière dans les coulisses de la télévision. Il proposa à Bartlebooth de faire une émission sur son projet de puzzles. Bartlebooth refusa. Pourtant, c'est Rorschash, alors malade, que Bartlebooth sollicita pour filmer la phase ultime de son entreprise.

Chapitre XIX : Altamont, 1

Chez les Altamont, on prépare la traditionnelle réception annuelle. Les meubles sont poussés et remplacés par des buffets.

Chapitre XX : Moreau, 1

À quatre-vingt-trois ans, Madame Moreau est la doyenne de l'immeuble. Elle est allongée. Madame Trévins, une amie d'enfance, se tient devant le lit. Une infirmière est assise sur une chaise, elle feuillète un magazine.

Chapitre XXI : Dans la chaufferie, 1

Un homme est couché sur le haut de la chaudière, il travaille. Tant que les Gratiolet furent majoritaires dans la copropriété, ils s'opposèrent à l'installation du chauffage central. Les Gratiolet étaient les héritiers de Juste Gratriolet, riche commerçant et industriel. Ils dilapidèrent sa fortune et vendirent la majorité des appartements. À leur mort, leurs enfants étaient dans une situation précaire.

Deuxième partie

Chapitre XXII : Le hall d'entrée, 1

L'ascenseur est en panne. Une femme, romancière du nom d'Ursula Sobieski, lit la liste des habitants de l'immeuble et tient dans son autre main une photographie de James Sherwood, victime d'une célèbre escroquerie. Elle tente de reconstituer l'affaire. Ursula Sobieski pense que Sherwood paya pour la mise en scène de la quête du Saint Graal orchestrée par Guido Mandetta et non pour le vase lui-même qui lui fut vendu, cela correspondant à sa personnalité. James Sherwood est le grand-oncle de Bartlebooth.

Chapitre XXIII : Moreau, 2

Après la mort de son mari, Madame Moreau développa son entreprise. Elle détestait Paris et détestait cette vie aux « tailleurs Chanel ». Dans l'immeuble, elle acheta un appartement d'une seule pièce, simple. Madame Trévins et l'infirmière ont quitté sa chambre.

Chapitre XXIV : Marcia, 1

Madame Marcia vit avec son mari, son fils et tient une boutique au rez-de-chaussée. Elle n'a jamais fait de réelle distinction entre les meubles dans lesquels elle vit et les meubles qu'elle vend. Les meubles vont de la cave à l'arrière-boutique, de là au magasin et du magasin à l'appartement jusqu'à ce qu'il retourne en arrière-boutique et ainsi de suite.

Chapitre XXV : Altamont, 2

Marcel Appenzzell, assistant d'ethnographe, voulut étudier les Anadalams et organisa une expédition. Il réapparut cinq ans plus tard. Il ne rapporta rien de son voyage. À quelques jours de sa première conférence, il brûla tout et repartit à Sumatra. Un texte fut découvert : pendant son séjour, Appenzzell courait sans cesse derrière la tribu qui chaque jour déménageait. Elle déménageait pour le fuir.

Chapitre XXVI : Bartlebooth, 1

Les trois domestiques de Bartlebooth se tiennent dans l'antichambre. Cela fait longtemps que Bartlebooth ne reçoit plus et, depuis peu, il ne quitte plus son appartement. Valène a compris après des années les raisons qui poussaient

Bartlebooth à peindre des aquarelles. Bartlebooth voulait œuvrer autour d'un projet unique qui ne serait pas le fruit du hasard et qui serait inutile.

Chapitre XXVII : Rorschash, 3

L'ancien locataire, Emilio Grifalconi, avait été trompé par sa femme, Laetizia. Il la laissa partir et ne se suicida pas. Il commanda un tableau à Valène, de lui et de sa famille. Grifalconi retourna à Vérone avec ses enfants. L'appartement fut ensuite vendu à Rorschash.

Chapitre XXVIII : Dans l'escalier, 3

Il y a trois ans, Valène rencontra Bartlebooth qui retournait chez lui. Bartlebooth l'évita. Il avait de plus en plus de mal à achever ses puzzles. Winckler est mort quelques semaines après cette rencontre. Valène pense que l'immeuble entier disparaîtra et que le quartier aussi mourra.

Chapitre XXIX : Troisième droite, 2

Une jeune fille est endormie dans le salon. Une fête avait été organisée, et elle fut somptueuse. Tout est en désordre.

Chapitre XXX : Marquiseaux, 2

Caroline Marquiseaux est la fille des Échard et a repris leur appartement. Elle se maria à vingt ans. Le jeune couple habita chez les parents de la mariée à cause de leur statut d'étudiants, malgré l'intolérance de Monsieur Échard. Madame Échard mourut, le père se retira à la campagne. Le père du marié mourut à son tour, d'un accident de voiture, et les étudiants devinrent riches.

Chapitre XXXI : Beaumont, 3

Madame de Beaumont, soixante-quinze ans, est couchée dans son lit style Louis XV. Sa fille fut égorgée avec son compagnon. Elle avait fui et n'avait pas donné signe de vie depuis des années. Madame de Beaumont, insatisfaite du verdict, demanda à son avocat de reprendre l'affaire. Elle reçut une lettre de l'assassin de sa fille lui donnant l'explication de son acte : la victime avait été fille au pair pour lui et, par accident, avait noyé son fils de cinq ans. Il s'était simplement vengé.

Chapitre XXXII : Marcia, 2

Madame Marcia est assise dans sa chambre. Elle tient dans sa main droite un bocal de cornichons. Face à elle, une table basse est surchargée d'objets.

Chapitre XXXIII : Caves, 1

La cave des Altamont est bien rangée. La cave des Gratiolet n'est ni rangée ni salubre. Tout est entassé dans des boîtes.

Chapitre XXXIV : Escaliers, 4

Gilbert Berger descend les escaliers. Il est en troisième. Dans sa classe, chaque semaine, des réunions du comité de rédaction sont organisées lors desquelles les élèves discutent du contenu d'un journal. On peut y lire un roman feuilleton.

Chapitre XXXV : La loge de la concierge

Madame Claveau fut concierge jusqu'en 1956, puis elle fut remplacée par Madame Nochère, âgée de vingt-cinq ans. Celle-ci a aujourd'hui quarante-cinq ans. Une seule personne la déteste : Madame Altamont. Madame Altamont devait partir en vacances, cependant son mari ne put le jour prévu. Aussi demanda-t-elle à la concierge de lui rendre les denrées alimentaires qu'elle lui avait données à cause de leur date de péremption. Le lendemain, Madame Altamont partant pour de bon les lui redonna. La concierge les refusa.

Chapitre XXXVI : Escaliers, 5

Herman Fugger sort de chez les Altamont. Il est arrivé en avance et a été reconduit. En effet, son métier d'industriel l'empêche de cuisiner et ce soir, il avait résolu de réaliser une recette originale pour la réception.

Chapitre XXXVII : Louvet, 1

Les Louvet sont en voyage. Le mari porte une moustache à l'anglaise, sa femme est très chic. Une photographie les représente lors d'une chasse à l'ours.

Chapitre XXXVIII : Machinerie de l'ascenseur, 1

L'ascenseur est en panne. Dans la nuit du 14 au 15 juillet 1925, ses quatre occupants, Flora Champigny, Raymond Albin, Monsieur Jérôme et Serge Valène, jeunes à l'époque, y restèrent bloqués pendant 7 heures.

Chapitre XXXIX : Marcia, 3

Léon Marcia est dans sa chambre. Il est silencieux, immobile, malade. Il n'a pas quitté sa chambre depuis des semaines. Il est plongé dans ses souvenirs.

Chapitre XL : Beaumont, 4

Anne Breidel est allongée dans la salle de bain, un coussin thermo-vibro-masseur sur ses fesses. Elle repense à son régime, se compare à sa sœur mince. Elle a dix-huit ans et veut devenir ingénieur depuis sa tendre enfance.

Chapitre XLI : Marquiseaux, 3

Deux clients (aussi amis) attendent les Marquiseaux dans leur « gueuloir ». Svend Grundtvig est musicien, l'autre, la célèbre « Hortense », est accroupie près de l'orgue, les écouteurs dans les oreilles. Son ancien nom est Sam Horton, il est transsexuel et guitariste.

Chapitre XLII : Escaliers, 6

Deux quêteurs se rencontrent dans l'escalier : l'un propose La Clef des songes, l'autre un journal intitulé Debout !.

Chapitre XLIII : Foulerot, 2

L'ancien locataire, Paul Hébert, a été arrêté. Après un attentat, il fut pris dans une rafle de la police. Le commissaire allemand croyait avoir son coupable. Il l'envoya à Buchenwald. Aujourd'hui, une jeune fille de dix-sept ans habite la chambre. Geneviève Foulerot suit des cours d'art dramatique.

Chapitre XLIV : Winckler, 2

Répétition du préambule sur l'art du puzzle. Bartlebooth avait mis une annonce dans certains journaux demandant aux candidats d'envoyer un échantillon de découpe de puzzle. Celui de Gaspard Winckler répondit à ses attentes. Il avait vingt-deux ans.

Chapitre XLV : Plassaert, 1

Rémi Plassaert est allongé sur un divan et classe sa collection de buvards publicitaires selon des thèmes précis. Le plus ancien des buvards appartenait à Troyan, le précédent locataire, un libraire. Il a été trouvé derrière le radiateur.

Troisième partie

Chapitre XLVI : Chambre de bonne, Monsieur Jérôme

Cette chambre est pratiquement inoccupée. Vers la fin des années 1950, Monsieur Jérôme s'y installa et y mourut. À partir de 1924, il avait occupé l'appartement de Winckler. Il voyagea beaucoup, dévora beaucoup de livres. C'était un intellectuel militant.

Chapitre XLVII : Dinteville, 2

Il y a deux personnes dans la salle d'attente du docteur Dinteville. Les gens ne l'aiment pas beaucoup à cause de son manque de chaleur. Pourtant, le docteur Dinteville entretient un curieux secret : il aimerait que son nom soit associé à une recette de cuisine.

Chapitre XLVIII : Chambre de bonne, 8 Madame Albin

Madame Albin est absente, elle est allée se recueillir sur la tombe de son mari. Non pas Raymond Albin, mais René Albin, son second mari qu'elle suivit à l'étranger. Il mourut d'un arrêt du cœur en 1946. Madame Albin perd la mémoire et un peu la raison.

Chapitre XLIX : Escaliers, 7

Il n'y a plus de clivage aujourd'hui entre les domestiques et les « nobles » et cela depuis la guerre de 1914. Seul le clivage entre nouveaux et anciens habitants demeure. Il y avait peu de drames, excepté les accidents consécutifs aux expériences de Morellet. La moitié de l'appartement des Danghars fut ravagé.

Chapitre L : Foulerot, 3

La chambre de Madame Foulerot vient d'être repeinte. L'un des tableaux a inspiré un roman policier : L'Assassinat des poissons rouges. Un joaillier est retrouvé mort. L'inspecteur Waldémar, accompagné de son confident, le narrateur, mène l'enquête.

Chapitre LI : Chambre de bonne, 9 Valène

Un peintre cherche comment se peindre : à la manière de la Renaissance, dans sa chambre, dans une coupe de l'immeuble, et l'on verrait chaque détail de l'immeuble et ses habitants en train de vaquer avec leurs histoires, leur passé et leurs légendes en 179 situations.

Chapitre LII : Plassaert, 2

Une des pièces de l'appartement des Plassaert avait été occupée par Henri Astrat, étudiant en histoire. Il légua à la Bibliothèque de l'Opéra des documents qu'il avait réunis en quarante ans. La Bibliothèque, pour des raisons d'économie, renvoya une partie de son personnel, dont Grégoire Simpson. Il était étudiant et avec le temps et l'absence de travail, il devint léthargique. Il disparut, un jour, sans laisser d'adresse.

Chapitre LIII : Winckler, 3

Marguerite Winckler était miniaturiste et avait un attrait pour le fouillis. Elle avait rencontré Gaspard en 1930 dans un café de Marseille. Gaspard arpentait les rues le jour de son retour d'Afrique. Ils se marièrent et montèrent à Paris. Valène s'éprit de Marguerite, lui avoua son amour, sans rien recevoir en retour. Elle mourut en novembre 1943.

Chapitre LIV : Plassaert, 3

Adèle et Jean Plassaert sont assis l'un à côté de l'autre. Ils se rencontrèrent lors d'un voyage en Mongolie. Ils ouvrirent une boutique à Paris avec un associé indonésien. Leur commerce fleurit et laissa apercevoir l'avarice méthodique et organisée des Plassaert.

Chapitre LV : Chambre de bonne, 10

Henri Fresnel vint habiter cette chambre en 1919. Le cuisinier épousa la fille d'un directeur de vente de charcuterie. Il la quitta pour sa passion : le théâtre. Après onze années d'errance, il redevint cuisiner pour Grace Twinker. Elle meurt et laisse à chacun de ses employés une rente. Henry Fresnel ouvre un restaurant. À soixante-treize ans, il revient auprès de sa femme qui le renie.

Chapitre LVI : Escaliers, 8

Un client attend devant la porte du Docteur Dinteville que quelqu'un vienne lui ouvrir.

Chapitre LVII : Chambre de bonne, 11 Madame Orlowska

Elzbieta Orlowska essuie un lustre dans sa chambre. Elle avait onze ans quand elle arriva pour la première fois en France en colonie de vacances. Elle y rencontra son amoureux, un Tunisien. Elle le rejoignit des années plus tard et habita chez son père, puis dans leur propre appartement où elle dut suivre les coutumes musulmanes. Elle le quitta, désenchantée.

Chapitre LVIII : Gratiolet, 1

L'avant-dernier descendant du propriétaire de l'immeuble vit au septième étage. Olivier Gratiolet est en train de lire. Sa famille est marquée par des morts suspectes successives : assassinats ou suicides.

Chapitre LIX : Hutting, 2

Hutting travaille un portrait : son modèle, un client, est un vieux Japonais. Après les paysages et de nombreuses sollicitations, il conçut une méthode pour peindre des portraits et en effectua une série de dix-neuf. Le dernier, un autoportrait, échappe à la méthode.

Chapitre LX : Cinoc, 1

Cinoc est dans sa cuisine, assis sur un tabouret en formica. À son arrivée dans l'immeuble en 1947, son nom posa des problèmes aux habitants car aucun ne savait le prononcer correctement. Il travaillait à la mise à jour des dictionnaires Larousse. Il prit sa retraite en 1965 et projeta d'écrire un dictionnaire des mots oubliés.

Chapitre LXI : Berger, 1

Lise Berger est dans la salle à manger. Elle prépare la table pour son fils et elle. Son mari est serveur dans un restaurant. Lise travaille dans un dispensaire, elle est orthophoniste.

Chapitre LXII : Altamont, 3

Les Altamont sont dans le boudoir. Monsieur lit, elle est en sous-vêtements. Cyrille Altamont fit des études à l'École nationale de l'Administration et devint à trente et un ans secrétaire permanent du conseil d'administration et fondé de pouvoir de la B.I.D.R.E.M. (Banque internationale pour le développement des ressources énergétiques et minières).

Chapitre LXIII : L'entrée de service

Cinq livreurs entrent, apportant aux Altamont des plats pour la fête. Devant eux, masquant le dernier livreur, une femme sort de l'immeuble. Elle habite l'immeuble d'à côté, elle vient de récupérer son chat.

Chapitre LXIV : Dans la chaufferie, 2

Pendant la guerre, Olivier Gratiolet y installa son poste de radio. Pendant les heures de silence, il lisait beaucoup. Lors de la Libération de Paris, malgré son désir de combattre sur le champ de bataille, Olivier resta 36 heures d'affilée à côté de sa radio.

Quatrième partie

Chapitre LXV : Moreau, 3

Joy Slowborn, l'ancienne locataire, sortait la nuit tombée, accompagné de Carlos, dans sa Pontiac noire. Un matin d'avril 1954, Carlos et elle furent retrouvés assassinés. Le meurtrier n'est autre que Blunt Stanley, le mari de la jeune femme. Amoureux, Blunt déserta le front de Corée afin de la rejoindre. Le couple confectionna un numéro de magicien et partit sur les routes. Carlos, qui savait que Blunt avait déserté, exerçait sur eux un chantage. Joy avait été accidentellement tuée.

Chapitre LXVI : Marcia, 4

Son magasin n'a pas de nom particulier, seulement : C. Marcia, antiquité. Marcia, par principe, ne vendait pas beaucoup de meubles en même temps. Sa spécialité était les montres animées.

Chapitre LXVII : Caves, 2

La cave des Rorschash est composée d'archives. La cave des Dinteville regroupe des anciens éléments de la salle de consultation du docteur.

Chapitre LXVIII : Escaliers, 9

« Tentative d'inventaire de quelques-unes des choses qui ont été trouvées dans les escaliers au fil des ans » dont un soulier, un abat-jour, un couteau de cuisine, un collant, un collier.

Chapitre LXIX : Altamont, 4

Les maîtres d'hôtel finissent d'installer la pièce pour la réception. Le bureau de Cyrille Altamont a été reconverti et n'accueille aujourd'hui que des choses figées et mortes.

Chapitre LXX : Bartlebooth, 2

Chaque puzzle de Winckler était pour Bartlebooth une aventure nouvelle. Il procédait avec discipline pour trouver à chaque puzzle sa méthode. Winckler avait introduit toute sa ruse dans la confection et la découpe de ces puzzles. Puis, à la fin, Bartlebooth avait la sensation d'être un voyant, il percevait l'aquarelle dans sa totalité.

Chapitre LXXI : Moreau, 4

La salle à manger est un espace blanc, immaculé, destinée au dîner de prestige. Madame Moreau donnait environ un dîner par mois.

Chapitre LXXII : Caves, 3

La cave de Bartlebooth est remplie d'objets, de malles marquées par le souvenir des nombreux voyages qu'il fit avec son compagnon, Smautf. Bartlebooth parle peu de ses voyages, Smauft par contre est volubile à ce sujet.

Chapitre LXXIII : Marcia, 5

La boutique d'antiquaire avait appartenu à Albert Massy qui était bourrelier. À l'origine cycliste, il avait concouru à de nombreuses compétitions jusqu'au jour où il arrêta à cause du service militaire. Il entraîna et accompagna sur la piste Lino Margay, un jeune dans le métier. Avec sa femme Josette, ils formaient un couple idéal. Malheureusement, un accident le défigure et, de peur, elle le quitte. La guerre survient, Lino Margay devient un gangster riche et se fait opérer du visage. Josette revient près de lui.

Chapitre LXXIV : Machinerie de l'ascenseur, 2

Il imagine que sous l'immeuble tout un monde sommeille : plus bas des machines, plus bas un centre de tri postal, plus bas des montagnes de sable, des docks, des systèmes d'écluses et de bassins, des mines, des tuyaux, et au plus bas un monde de caverne.

Chapitre LXXV : Marcia, 6

David Marcia est dans sa chambre. Il est revenu habiter chez ses parents. Il engloutit tout l'argent que l'assurance lui avait versé après son accident, en rêverie, en pilotage de courses, en production de disques, en création de festivals.

Chapitre LXXVI : Caves, 4

La cave de Madame de Beaumont est parsemée de vieux

objets. Une photographie réunit les Beaumont et les Altamont. Monsieur de Beaumont était ami avec Bartlebooth malgré le jeune âge de ce dernier. Quand de Beaumont se suicida, Bartlebooth revint de son voyage pour l'enterrement.

Chapitre LXXVII : Louvet, 2

La chambre des Louvet est tapissée de tableaux et d'une vitrine qui contient une collection d'armes de guerre.

Chapitre LXXVIII : Escaliers, 10

Assis sur les marches de l'escalier, le fils de l'accordeur de piano de Madame de Beaumont attend son père. Il lit un Journal de Tintin dans lequel est racontée la biographie arabesque de Carel Van Loorens.

Chapitre LXXIX : Escaliers, 11

Olivia Rorschash embarque ce soir pour son 56e tour du monde accompagnée cette fois-ci de son neveu. Olivia avait été actrice dès son enfance et adulée. Elle fut, entre 1940 et 1945, marraine de guerre de plusieurs soldats. Elle se maria cinq fois et Rorschash est son cinquième mari.

Chapitre LXXX : Bartlebooth, 3

Lors d'une conférence, des professeurs respectables tentent de déchiffrer l'inscription suivante : « TE RA COI B I A ». Bartlebooth avait relevé des failles et des contradictions dans son projet : il ne parvint pas à le réaliser à terme. En 1972, Bartlebooth comprit qu'il devenait aveugle.

Chapitre LXXXI : Rorschash, 4

Olivia Rorschach est dans sa chambre, elle relit une liste d'instructions qu'elle destine à Jane Sutton. Après être devenue une star en Australie, elle s'exporta aux États-Unis : ce fut un échec. Elle eut un rôle dans une série touristique.

Chapitre LXXXII : Gratiolet, 2

À l'école, personne n'aime Isabelle et celle-ci ne fait rien pour inverser la tendance. Elle raconte lors des récréations des histoires qui font peur et rédige également des histoires imaginatives pour les devoirs. Son père fut convoqué à l'école et la défendit.

Chapitre LXXXIII : Hutting, 3

Honoré était maître d'hôtel chez les Danglars et Madame Honoré, cuisinière. Personne ne connaissait leur nom de famille et les appelait « la famille Honoré », du prénom du père. Les Danglars furent arrêtés alors qu'ils tentaient de rentrer clandestinement en Suisse. Depuis la fin de la guerre, ils avaient commis une trentaine de cambriolages à partir de défis qu'ils se lançaient. Ainsi s'ensuivit une querelle au sein de l'immeuble pour savoir qui récupérerait leur appartement.

Cinquième partie

Chapitre LXXXIV : Cinoc, 2

Dans la chambre de Cinoc se trouve un talisman d'appartement orné de versets de la Torah. Hélène Brodin est morte dans cette chambre. Antoine Brodin, son mari, a été assassiné. Elle se vengea et tua les assassins de son mari. Elle est morte de vieillesse.

Chapitre LXXXV : Berger, 2

L'appartement des Berger avait été occupé par une vieille dame et son fils qui voulait devenir prêtre, puis par un « Russe » selon les habitants, Abel Speiss, qui, en réalité, était Alsacien. Sa grande spécialité était le cryptogramme.

Chapitre LXXXVI : Rorschash, 5

Il y a actuellement six personnes dans la salle de bain de Madame Rorschash : Madame Pizzicagnoli, la jeune femme employée de l'agence, le directeur de l'agence, le gérant, un dépanneur, et un petit garçon de Madame Pizzicagnoli, la cliente.

Chapitre LXXXVII : Bartlebooth, 4

Beyssandre travaille pour Marvel House International. Il fait l'interview de Rorschash qui affirme vouloir faire un film sur le voyage de Bartlebooth. Pendant des mois, Beyssandre harcela Bartlebooth en pure perte. Après hésitation, Bartlebooth préféra traiter avec Rorschash. Cependant, la destruction des aquarelles ne put se faire, car il perdit la vue avant d'avoir fini le dernier puzzle.

Chapitre LXXXVIII : Altamont, 5

Dans le salon des Altamont, des serviteurs effectuent les dernières préparations de la fête. Véronique Altamont est assise au bureau, elle examine une photographie de sa mère jeune. Madame Altamont avait été danseuse étoile. Sa carrière s'acheva lorsqu'elle tomba enceinte.

Chapitre LXXXIX : Moreau, 5

Lorsque Madame Moreau devint impotente, elle demanda à Madame Trévins de vivre avec elle. Celle-ci accepta. Madame Trévins raconte l'histoire imaginaire de ses cinq nièces imaginaires.

Chapitre XC : Le hall d'entrée, 2

Madame Albin revient de sa visite quotidienne sur la tombe de son mari. Gertrude est assise avec deux de ses anciennes voisines. Cuisinière de Madame Moreau, elle est maintenant au service de Lord Ashtray.

Chapitre XCI : Caves, 5

Dans la cave des Marquiseaux sont rangées des caisses à champagne et, surtout, des fascicules publiés de Marcelin Échard dans les quinze dernières années de sa vie. La cave de Madame Marcia est un enchevêtrement de meubles, d'objets et de bibelots.

Chapitre XCII : Louvet, 3

Il y a quelques années, les Louvet firent une fête si bruyante que les autres habitants s'en plaignirent. Les invités avaient improvisés dans la cuisine un concert de bouteilles, de fourchettes, etc.

Sixième partie

Chapitre XCIII : Troisième droite, 3

La troisième pièce de cet appartement est vide, excepté le mur du fond où sont suspendues vingt et une gravures.

Chapitre XCIV : Escaliers, 12

« Tentative d'inventaire de quelques-unes des choses qui ont été trouvées dans les escaliers au fil des ans (suite et fin) » dont un poisson rouge, un programme de cinéma, sept pastilles de marbres (pièces d'un jeu de Go).

Chapitre XCV, Rorschash, 6

La chambre de Rémi Rorschash est impeccablement rangée. C'était la salle à manger des Gratiolet jusque dans les années 1950. La rue Simon-Crubellier commença à être lotie en 1875. Jean Gatriolet acheta un lot et, en collaboration avec l'architecte Lubin Auzère, fit construire cet immeuble.

Chapitre XCVI : Dinteville, 3

Dinteville reçut une formation classique, sans ambition : il suivit le conseil d'un vieux professeur, membre de l'académie de médecine, et se consacra à des recherches de bibliophile. Cela lui attira un tort considérable car deux médecins s'installèrent près de son cabinet et lui volèrent sa clientèle.

Chapitre XCVII : Hutting, 4

Le salon parisien de Hutting fut longtemps un lieu d'une

grande activité artistique. Le principe des réunions qu'il organisait consistait à confronter les créateurs.

Chapitre XCVIII : Réol, 2

Monsieur Réol travaillait pour la société CATMA. Il voulait voir son chef de service pour lui demander une avance sur salaire car il venait d'acheter une chambre à coucher moderne. Le rendez-vous était sans cesse reculé. Un nouveau chef de service fut engagé. Il fallait tout recommencer. Lorsque les Réol mirent leurs meubles en vente, une aide financière leur fut accordée et évita la saisie. Aujourd'hui, Réol est chef de service.

Chapitre XCIX : Bartlebooth, 5

Bartlebooth est assis devant sa table, devant un puzzle. Il vient de mourir. La pièce que le mort tient entre ses doigts est de la forme d'un W.

Épilogue

Serge Valène mourut quelques semaines plus tard. L'immeuble est presque vide. Mademoiselle Crespi alla porter au vieux peintre son dîner du soir et le trouva mort. Bartlebooth reposait sur son lit. Une toile était posée près de la fenêtre, esquisse d'un plan en coupe d'un immeuble.

LES RAISONS
DU SUCCÈS

Dans les années 1950, le roman subit une grave crise identitaire. Les écrivains de l'époque, tels que Nathalie Sarraute, Alain Robbe-Grillet ou Michel Butor, se lancent dans une recherche ayant pour but le renouvellement du genre romanesque en réaction au roman traditionnel incarné par le roman balzacien. Les nouveaux romanciers, ainsi qu'ils furent appelés, pesèrent sur Perec et ses créations, car il n'était plus possible par la suite de concevoir un roman linéaire, suivant les aventures d'un personnage principal. Le roman est alors perçu comme un ensemble, un système ayant sa propre cohérence, un roman du roman, un roman du langage. *La Vie mode d'emploi* entre parfaitement dans ce schéma créatif. Œuvre parcellaire, *La Vie mode d'emploi* se dessine selon un système mathématique précis qui génère l'ordre dans lesquels les épisodes de la vie de cet immeuble doivent s'enchaîner. L'ordre chronologique n'est pas respecté :

« Il aurait été fastidieux de décrire l'immeuble étage par étage et appartement par appartement. Mais la succession des chapitres ne pouvait pour autant être laissée au seul hasard. J'ai donc décidé d'appliquer un principe dérivé d'un vieux problème bien connu des amateurs d'échecs : la polygraphie du cavalier : il s'agit de faire parcourir à un cheval les 64 cases de l'échiquier sans jamais s'arrêter plus d'une fois sur la même case. […] La division du livre en six parties provient du même principe : chaque fois que le cheval est passé par les quatre bords du carré, commence une nouvelle partie. On remarquera cependant que le livre n'a pas 100 chapitres, mais 99. La petite fille de la page 295 et de la page 394 en est seule responsable. » (Extrait de *Quatre figures pour La Vie mode d'emploi*).

Cependant, Georges Perec ne se revendique pas du Nouveau roman, malgré son affiliation et le respect qu'il inspire aux nouveaux romanciers. Italo Calvino affirme à propos de Georges Perec qu'il est « une des personnalités littéraires les plus singulières au monde, au point de ne ressembler absolument à personne ».

Il est avec Raymond Queneau l'un des explorateurs des potentialités du langage, l'un des membres du groupe de poètes intitulé l'Ouvroir de Littérature Potentielle ou OuLiPo. Situé dans une perspective à la fois poétique et de contrainte logique ou mathématique, Georges Perec conçoit *La Vie mode d'emploi* avec les mêmes exigences. Ainsi, il rejoint François Le Lionnais, fondateur du groupe, Jacques Prévert qui propose une poésie du quotidien à travers *Paroles* (1946) et *Histoires* (1946), ainsi que Raymond Queneau et sa verve populaire de *Zazie dans le métro* (1959). En 1978, l'OuLiPo est alors à son acmé grâce à Georges Perec et à Raymond Queneau qui entretiennent le phénomène en multipliant les défis comme avec *La Disparition* qui constitue à ce jour le record du lipogramme le plus long de l'Histoire. La poésie se fait fantaisiste, chaotique et créatrice.

Georges Perec fait figure d'esthéticien et de sociologue. Il s'inscrit dans le courant de la modernité et de la création contre le traditionalisme et la recrudescence d'une écriture académicienne reprise par Érik Orsenna ou Julien Gracq. Les théoriciens et critiques marquent profondément la littérature des années 1960. La pratique du fragment, selon le non moins célèbre Roland Barthes, est le lieu de l'idéal, du sens et de la poésie. Par ailleurs, les écrivains de l'époque sont souvent comme les Oulipiens des théoriciens. *La Vie mode d'emploi* à travers la métaphore du Puzzle, Winckler faisant figure de lecteur et Bartlebooth de romancier/artiste/créateur, rejoint cette manière de considérer l'écriture comme le manifeste d'une théorie, d'une idéologie.

Nombreux sont ceux qui s'inspirent de Georges Perec : Olivier Codiot, Olivier Rollin, entre autres. Patrick Modiano s'est inspiré de *W ou le souvenir d'enfance* pour écrire son chef-d'œuvre *Dora Bruder*. *La Carte et le Territoire* de Michel Houellebecq est directement lié à *La Vie mode d'emploi* dans sa manière de mettre en abyme la figure de l'auteur et à travers le personnage de Jean-Louis Curtis qui est un hommage à Georges Perec.

LES THÈMES
PRINCIPAUX

Georges Perec multiplie les effets créateurs de réel. Par ce biais, il construit une œuvre du quotidien, familière pour le lecteur. Ces effets de réalisme se traduisent par la description d'objets inutiles pour le livre ou son histoire, comme la description exhaustive du contenu des caves qui répond à une curiosité hypothétique du lecteur : « Le mur de gauche est réservé aux produits alimentaires. D'abord les produits de base : farine, semoule, maïzena, fécule de pomme de terre, tapioca. » Ces objets existent dans la réalité et font partie du décor. Il est indispensable pour imiter cette réalité de leur donner une place importante, puisqu'ils sont omniprésents dans notre quotidien. Il est d'usage lorsqu'un auteur désigne un objet de le nommer et de le décrire. Georges Perec, pour donner au lecteur un contact immédiat avec cet objet sans passer par un narrateur ou la subjectivité d'un personnage, met directement l'objet à disposition du lecteur. Dès lors, ce dernier sera étonné de voir dans ce livre le fac-similé d'une carte postale au chapitre XLV, une liste de courses au chapitre LIV, l'extrait d'un dictionnaire dans ce même chapitre, la reproduction d'un jeu d'échecs au chapitre LXIX. Cette technique littéraire est très rare et est considérée comme une marque de modernité.

D'autres procédés sont également utilisés : la précision scientifique, qui peut être considérée ici comme un tic de langage. Par exemple, chapitre XXV, la phrase « Le but de leur expédition était un peuple fantôme que les Malais appellent les Anadalams, ou encore les Orangs-Kubus, ou Kubus » octroie au personnage de Marcel Appenzzel un statut de spécialiste en ethnologie, car seul un ethnologue ayant étudié le peuple malais et la tribu des Anadalams est capable de posséder ce savoir et les nuances qu'il incombe (marquée par la répétition de la conjonction « ou »). Cette précision octroie aux personnages une profondeur intellectuelle et du relief. Aussi, l'auteur ne lésine-t-il pas sur l'abondance des faits historiques fallacieux. Une référence, une anecdote entremêlée avec des personnages imaginaires (exemple au chapitre XIV : « Les Dinteville descendent d'un Maître de Postes qui fut anobli par Louis XIII en récompense de l'aide qu'il apporta à Luynes et à Vitry lors de l'assassinat de Concini. ») accompagnée de dates, d'éléments avérés historiques et conçus par le lecteur comme tels procurent une impression de vérité.

Pour conforter le lecteur dans une forme de vraisemblance profitant à sa volonté de représenter une grande mixité sociale, Georges Perec installe ses personnages dans un immeuble, car les étages des immeubles, jusqu'à la seconde moitié du xxe siècle, sont organisés selon des strates sociales. Les plus riches habitent aux étages inférieurs dans des appartements spacieux, alors que les plus pauvres habitent dans des réduits, sous les toits, là où il fait froid en hiver et chaud en été. La localisation de l'immeuble dans un quartier parisien enrichit également la population de ses habitants par le cosmopolitisme de cette ville qui accueille des étrangers, des parvenus, des autochtones, des marginaux, des communautaristes. L'auteur balaie toutes les différences sociales : sexe, âge, style de vie, éducation, profession, revenu, pouvoir, prestige et patrimoine.

Par le truchement des biographies, l'auteur fait une stratification transgressive des personnages en fonction de leur situation financière, mais aussi en fonction de leur appartenance ou leur référencement auprès de groupes sociaux particuliers. Ashikage Yoshimitsu appartient à la communauté japonaise et à une secte (chapitre III). Au chapitre XIII, Rémi Rorschash tente une carrière artistique mais échoue, et, dès lors, il se consacre au commerce international. Le milieu artistique est son groupe de référence et le secteur commercial son groupe professionnel d'appartenance. Le choix d'avoir installé au rez-de-chaussée un commerce, le magasin d'antiquités des Marcia, a également permis à l'auteur de représenter la vie des petits commerçants de quartier qui souvent habitent dans le même immeuble que leurs locaux de travail et confondent vie professionnelle et vie privée.

Ainsi, les familles Moreau, Altamont, Louvet, de Beaumont, Foureau, Colomb, Danglars, Appenzzell, Gratiolet, Rorchash, Grifalconi et Bartlebooth sont considérées comme des familles de grande bourgeoisie. Les Échard, Marquiseaux, Foulerot, Hébert, Winckler, Dinteville (des nobles), Cinoc, Brodin, Hourcade, Réol, Speiss, Berger, Hutting et Honoré font partie de la classe moyenne. Les Smautf, Sutton, Orlowska, Albin, Morellet, Simpson, Troyan, Troquet, Plassaert, Crespi, Nieto et Rogers, Fresnel, Breidel et Valène appartiennent à la classe inférieure. Jérôme, de même que les Gatriolet, a failli socialement et, de ce fait, est passé de la classe moyenne à la classe inférieure, ce qui s'est manifesté par un déménagement des étages intermédiaires de l'immeuble aux étages supérieurs. Ce schéma géographique et ses mouvements sont révélateurs des conditions dans lesquelles vivent ces familles et d'une tendance déjà établie à l'époque, c'est-à-dire un accès difficile à la richesse et une facilité à perdre sa fortune.

La profondeur des personnages de *La Vie mode d'emploi* ne dépend pas d'une psychologie exprimée par un point de vue interne, la totalité de l'œuvre étant écrite sous l'empire d'un point de vue omniscient qui est celui du narrateur. Néanmoins, l'identité des personnages, leurs histoires et leurs manières d'être sont des indices pour le lecteur qui lui permettent de reconstituer un panel de personnalités diverses. Beaucoup de personnages sont sommairement présentés comme les enfants qui n'ont pas encore de « véritable histoire » : Jane

Button au chapitre X est présentée à travers une série de photographies (photographies qui sont pour elle l'opportunité de se créer des vies à travers des déguisements). Elle est tour à tour la princesse Beryl, un page, un simulacre de vie. La vie des adultes, telle que celle d'Elzbieta Orlowska (chapitre LVII), étrangère et mariée à un musulman dont elle refusa les coutumes, est propice aux anecdotes, aux péripéties et à l'aventure.

S'il y a bien une morale dans ce livre, elle se trouve dans cette somme de vies : il faut profiter de la vie et vivre comme des aventuriers. La vie de Bartlebooth est exemplaire. Sa quête identitaire à travers son voyage autour du monde donne un sens à sa vie. Un sens qui n'est pas des moindres puisqu'il la mène selon ses propres conditions : « Bartlebooth, en d'autres termes, décida un jour que sa vie tout entière serait organisée autour d'un projet unique dont la nécessité arbitraire n'aurait d'autre fin qu'elle-même. » (Chapitre XXVI). Ces contraintes de vie ressemblent à s'y méprendre aux contraintes que posent les oulipiens avant la réalisation d'une œuvre. Il en existe trois : sa vie doit avoir un sens, cette orientation doit être menée à terme malgré des adversités extérieures, elle doit être assumée pleinement par son détenteur qui est donc l'agent/l'acteur de sa propre vie. Le simple principe existentiel de cette vie, « autre fin qu'elle-même », signifie que la vie possède sa propre valeur, que celle-ci ne dépend pas d'une activité extérieure telle qu'une carrière professionnelle qui tend à donner une valeur sociale. La vie de Bartlebooth a d'autant plus de valeur qu'elle est l'objet de deux convoiteurs, elle intéresse et donne envie. Le chiasme que crée Georges Perec entre lui et le lecteur et Winckler et Bartlebooth oblige l'auteur à s'identifier à Winckler et le lecteur à Bartlebooth. Le titre *La Vie mode d'emploi* prend tout son sens.

ÉTUDE DU MOUVEMENT LITTÉRAIRE

L'OuLiPo naît de l'incroyable sens créatif de son fondateur François Le Lionnais. Ingénieur, chimiste, mathématicien, amateur de peinture, de musique et de littérature, cet homme réussit à réunir autour de lui des chercheurs et des artistes intéressés par la création sous contraintes. Déjà, son association avec Alfred Jarry au sein du Collège de Pataphysique (destiné à produire des textes proches du non-sens, révélant une vision particulière du monde, entre imaginaire et métaphysique) laisse deviner le mouvement de François Le Lionnais vers une littérature inventive, ludique et dépassant les limites.

D'abord intitulée OuXPo pour « Ouvroir de X (discipline) Potentielle », l'association est ensuite rebaptisée SéLitEx pour « Séminaire de Littérature expérimentale », puis Olipo et finalement OuLiPo en 1961 par Albert-Marie Schmidt.

L'anagramme « OuLiPO » dissimule l'expression, aujourd'hui institutionnalisée, « Ouvroir de Littérature Potentielle ». Le choix d'écrire sous contraintes naît du constat que l'écriture ainsi traitée va générer une langue et des textes novateurs. Les ateliers au cours desquels les membres de ce groupe se réunissent (deux fois par mois) ont pour but de trouver et d'épuiser toutes les formes créatrices de la littérature. Voici quelques exemples d'exercices d'écriture :

· Pour écrire un « Beau présent », il faut écrire un poème en l'honneur d'une personne aimée ou non en utilisant uniquement les lettres qui composent son nom ;

· Le sardinosaure est un type de poèmes dans lequel est décrite une chimère. Cette chimère est le fruit d'un jeu de mots. La dernière syllabe d'une espèce animale, comme le Taureau, est greffée sur la première syllabe d'une autre espèce animale qui débute avec une syllabe à la sonorité identique comme Rossignol. Ce qui donne, par exemple, *Le Taurossignol* d'Olivier Salon :

> Soleil de plomb.
> Chaleur torride.
> Le taurossignol s'avance
> Dans l'arène, seul.
> La chaleur et la rumeur, majeures,
> L'excitent. Il frappe, il martèle
> Le sable de ses sabots avant.
> Il dresse l'oreille et lève la queue
> Il trépigne. Alors, seul, planté au centre de l'arène,
> Il ouvre une large bouche et de sa voix
> De soprano coloratur,
> Entonne l'air de *L'Arène de la Nuit*.

De ce fait, les Oulipiens recherchent avant tout non pas des thèmes sur lesquels écrire mais des techniques et des structures multipliant les contraintes. Ces contraintes peuvent se situer sur différents plans de l'écriture : elles peuvent concerner la narration (le choix d'un point de vue interne ou externe), le traitement des personnages (avec ou sans psychologie), l'histoire (linéaire ou non), le style (familier ou soutenu), la langue (hétérogène ou homogène), la description (objective ou subjective), la manière d'associer les thèmes (en harmonie ou avec discordance) ou les disciplines (en les comparant), la manière d'appréhender le monde, le temps, l'espace et le livre lui-même, comme support premier de ces exercices. Raymond Queneau, dans son livre *Cent mille milliards de poèmes*, publie dix sonnets de rimes identiques, dont chaque vers est retranscrit sur une languette. En associant successivement tous les vers en soulevant les languettes, le lecteur peut obtenir cent mille milliards de poèmes. Cette liste n'est pas exhaustive et l'OuLiPo travaille à son extension.

Cette démarche revendiquée s'oppose à la conception surréaliste d'une écriture libre, aléatoire et automatique, simplement produite par les aléas de l'esprit et, plus précisément, de l'inconscient. La création oulipienne s'agence selon la théorie de la causalité : la somme des contraintes est égale à un résultat logique et mathématique. Même si selon Hervé Le Tellier, membre de l'OuLiPo : « Il n'y a pas de discours théorique de l'OuLiPo sur la littérature et l'esthétique. »

Les oulipiens sont avant tout des gens mus par une même passion, la littérature et la poésie en particulier, et proviennent d'horizons différents et de spécialités différentes. Michèle Métail a fait des études d'allemand, puis de poésie chinoise ancienne, loin des préoccupations d'Harry Mathew, qui est Américain et a fait des études de musique à Harvard, alors qu'Albert-Marie Schmidt, cofondateur du groupe, est protestant calviniste, spécialiste de la Renaissance. Le groupe de travailleurs existe encore aujourd'hui, cependant il est difficile de devenir membre car un oulipien potentiel ne peut être choisi que par les membres du groupe à l'unanimité, à condition qu'il n'ait pas fait de démarche pour entrer dans le groupe. Ce processus d'acception est dit de cooptation.

DANS LA MÊME COLLECTION
(par ordre alphabétique)

- **Anonyme**, *La Farce de Maître Pathelin*
- **Anouilh**, *Antigone*
- **Aragon**, *Aurélien*
- **Aragon**, *Le Paysan de Paris*
- **Austen**, *Raison et Sentiments*
- **Balzac**, *Illusions perdues*
- **Balzac**, *La Femme de trente ans*
- **Balzac**, *Le Colonel Chabert*
- **Balzac**, *Le Lys dans la vallée*
- **Balzac**, *Le Père Goriot*
- **Barbey d'Aurevilly**, *L'Ensorcelée*
- **Barbey d'Aurevilly**, *Les Diaboliques*
- **Bataille**, *Ma mère*
- **Baudelaire**, *Les Fleurs du Mal*
- **Baudelaire**, *Petits poèmes en prose*
- **Beaumarchais**, *Le Barbier de Séville*
- **Beaumarchais**, *Le Mariage de Figaro*
- **Beauvoir**, *Mémoires d'une jeune fille rangée*
- **Beckett**, *En attendant Godot*
- **Beckett**, *Fin de partie*
- **Brecht**, *La Noce*
- **Brecht**, *La Résistible ascension d'Arturo Ui*
- **Brecht**, *Mère Courage et ses enfants*
- **Breton**, *Nadja*
- **Brontë**, *Jane Eyre*
- **Camus**, *L'Étranger*
- **Carroll**, *Alice au pays des merveilles*
- **Céline**, *Mort à crédit*

- **Céline**, *Voyage au bout de la nuit*
- **Chateaubriand**, *Atala*
- **Chateaubriand**, *René*
- **Chrétien de Troyes**, *Perceval*
- **Cocteau**, *La Machine infernale*
- **Cocteau**, *Les Enfants terribles*
- **Colette**, *Le Blé en herbe*
- **Corneille**, *Le Cid*
- **Crébillon fils**, *Les Égarements du cœur et de l'esprit*
- **Defoe**, *Robinson Crusoé*
- **Dickens**, *Oliver Twist*
- **Du Bellay**, *Les Regrets*
- **Dumas**, *Henri III et sa cour*
- **Duras**, *L'Amant*
- **Duras**, *La Pluie d'été*
- **Duras**, *Un barrage contre le Pacifique*
- **Flaubert**, *Bouvard et Pécuchet*
- **Flaubert**, *L'Éducation sentimentale*
- **Flaubert**, *Madame Bovary*
- **Flaubert**, *Salammbô*
- **Gary**, *La Vie devant soi*
- **Giraudoux**, *Électre*
- **Giraudoux**, *La Guerre de Troie n'aura pas lieu*
- **Gogol**, *Le Mariage*
- **Homère**, *L'Odyssée*
- **Hugo**, *Hernani*
- **Hugo**, *Les Misérables*
- **Hugo**, *Notre-Dame de Paris*
- **Huxley**, *Le Meilleur des mondes*
- **Jaccottet**, *À la lumière d'hiver*
- **James**, *Une vie à Londres*
- **Jarry**, *Ubu roi*

- **Kafka**, *La Métamorphose*
- **Kerouac**, *Sur la route*
- **Kessel**, *Le Lion*
- **La Fayette**, *La Princesse de Clèves*
- **Le Clézio**, *Mondo et autres histoires*
- **Levi**, *Si c'est un homme*
- **London**, *Croc-Blanc*
- **London**, *L'Appel de la forêt*
- **Maupassant**, *Boule de suif*
- **Maupassant**, *Le Horla*
- **Maupassant**, *Une vie*
- **Molière**, *Amphitryon*
- **Molière**, *Dom Juan*
- **Molière**, *L'Avare*
- **Molière**, *Le Malade imaginaire*
- **Molière**, *Le Tartuffe*
- **Molière**, *Les Fourberies de Scapin*
- **Musset**, *Les Caprices de Marianne*
- **Musset**, *Lorenzaccio*
- **Musset**, *On ne badine pas avec l'amour*
- **Perec**, *La Disparition*
- **Perec**, *Les Choses*
- **Perrault**, *Contes*
- **Prévert**, *Paroles*
- **Prévost**, *Manon Lescaut*
- **Proust**, *À l'ombre des jeunes filles en fleurs*
- **Proust**, *Albertine disparue*
- **Proust**, *Du côté de chez Swann*
- **Proust**, *Le Côté de Guermantes*
- **Proust**, *Le Temps retrouvé*
- **Proust**, *Sodome et Gomorrhe*
- **Proust**, *Un amour de Swann*
- **Queneau**, *Exercices de style*

- **Quignard**, *Tous les matins du monde*
- **Rabelais**, *Gargantua*
- **Rabelais**, *Pantagruel*
- **Racine**, *Andromaque*
- **Racine**, *Bérénice*
- **Racine**, *Britannicus*
- **Racine**, *Phèdre*
- **Renard**, *Poil de carotte*
- **Rimbaud**, *Une saison en enfer*
- **Sagan**, *Bonjour tristesse*
- **Saint-Exupéry**, *Le Petit Prince*
- **Sarraute**, *Enfance*
- **Sarraute**, *Tropismes*
- **Sartre**, *Huis clos*
- **Sartre**, *La Nausée*
- **Senghor**, *La Belle histoire de Leuk-le-lièvre*
- **Shakespeare**, *Roméo et Juliette*
- **Steinbeck**, *Les Raisins de la colère*
- **Stendhal**, *La Chartreuse de Parme*
- **Stendhal**, *Le Rouge et le Noir*
- **Verlaine**, *Romances sans paroles*
- **Verne**, *Une ville flottante*
- **Verne**, *Voyage au centre de la Terre*
- **Vian**, *J'irai cracher sur vos tombes*
- **Vian**, *L'Arrache-cœur*
- **Vian**, *L'Écume des jours*
- **Voltaire**, *Candide*
- **Voltaire**, *Micromégas*
- **Zola**, *Au Bonheur des Dames*
- **Zola**, *Germinal*
- **Zola**, *L'Argent*
- **Zola**, *L'Assommoir*
- **Zola**, *La Bête humaine*

- **Zola**, *Nana*
- **Zola**, *Pot-Bouille*